Hubert Kölsch

Gott antwortet immer

Eine Parabel über Vertrauen

Bibliographische Information der Deutschen
Bibliothek:
Die Deutsche Bibliothek verzeichnet diese
Publikation in der
Deutschen Nationalbibliographie;
detaillierte bibliographische Daten sind im
Internet über http//dnb.ddb.de abrufbar.

1. Auflage Copyright © 2012 Hubert Kölsch
www.hubert-koelsch.de
Titelfoto: Hubert Kölsch
Lektorat: Ulrike Talhof

Herstellung und Verlag:
Books on Demand GmbH, Norderstedt
ISBN: 978-3-8482-0248-5

Für Gero

Inhalt

Am Strand

„Guten Abend, ich heiße Samantha. Du hast mich gerufen."

Wie jeden Abend nach der Arbeit auf dem Heimweg saß ich am Strand und blickte auf die Weite des Meeres. Der Wind wehte mir sanft ins Gesicht, und ich ließ mich von den Strahlen der Abendsonne wärmen.

Mein Leben war an einem Tiefpunkt angekommen. Zumindest fühlte es sich so an. Nichts schien sich mehr zu bewegen. Ich war unzufrieden mit meinem Beruf, aber ich war abhängig von ihm, denn schließlich musste ich Miete, Strom, Steuern und meinen sonstigen Lebensunterhalt bezahlen. Seit langem wünschte ich mir eine Beziehung. Keine Begegnung zweier einsamer Herzen, die sich über das gleiche Schicksal hinweg trösten und letztendlich nur bemitleideten, sondern eine „richtige" Beziehung – ohne eigentlich zu wissen, was das bedeutete.

Seit vielen Jahren beschäftigte ich mich bereits mit Spiritualität. Ich meditierte, visualisierte und habe viele Bücher gelesen. Seitdem hatte sich meine Situation zwar nicht mehr verschlechtert, das hatte ich bemerkt, aber eigentlich auch nicht verbessert. Ich trat auf der Stelle und fühlte mich als Gefangener meines eigenen Lebens.

Vor einigen Monaten hatte ich endlich eine neue Arbeit gefunden: in einem Laden, wo es Kaffee, Gebäck und Sandwichs zu essen gab. Ich bediente, kassierte, spülte. Der Job ernährte mich so gut, dass ich auf zwanzig möblierten Quadratmetern leben konnte. Meine Kollegen waren nett, manchmal auch freundlich. Zumindest empfand ich das so.

Wieder einmal hatte ich mein letztes Geld zusammengekratzt und war zu einer spirituellen Beraterin gegangen. Ich wollte eine Lösung, ein Rezept, was ich zu tun habe, dass alles gut werde. Natürlich hatte das bisher nie funktioniert. Trotzdem wollte ich auch diesmal wissen, was ich unternehmen könnte, damit sich mein Leben endlich verändert.

In der Sitzung wurde ich fassungslos und wütend. Die Dame redete mit Engeln, zog Karten und als Ergebnis sagte sie mir, dass ich nur Vertrauen haben müsse. Vertrauen... Vertauen? Vertrauen! Wie oft hatte ich das schon gehört, sagte ich zu ihr. Mir werde schlecht dabei. Immer wenn ich die Absicht ausgesendet habe, ich wolle nun endlich vertrauen, habe sich nichts verändert, ja es wurde sogar noch schlimmer. Ich war erleichtert, dass ich nur Geld für eine halbe Stunde hatte, verließ das Haus und rannte ziellos durch die Straßen. Dann tat ich etwas, was ich schon lange nicht mehr gemacht hatte. An diesem Abend ging ich in eine Bar und betrank mich. Hemmungslos. Das war gestern.

Als ich heute Morgen aufwachte, waren meine Ratlosigkeit und Verzweiflung natürlich immer noch da. Meine Kopfschmerzen erinnerten mich an das Thema Vertrauen, was nicht zur Besserung meiner Laune beitrug. Ich ging zur Arbeit und brachte den Tag hinter mich. Auf dem Heimweg fuhr ich am Strand vorbei, um dort den Abend zu verbringen. Das war ein Teil meiner täglichen Routine. Meistens fühlte ich mich wohl am Strand, denn ich liebte das Meer, den weißen, feinen Sand und die versinkende Sonne. Wenn es warm genug war, ging ich schwimmen. Normalerweise half mir dies, mein Leben zu ertragen. Aber nach dem gestrigen Erlebnis war ich an einem Tiefpunkt angelangt.

Vertrauen. Schon wieder wurde ich wütend, wenn ich nur daran dachte. Zu oft hatte ich es gehört und in zu vielen Büchern gelesen. Vertrauen. Es ist für alles gesorgt und Dein Leben wird sich verändern... Immer wieder hatte ich das Gefühl, ich sei der Einzige, bei dem dies nicht funktionierte. Was machte ich falsch? Alle redeten von Vertrauen. Eigentlich war ich sogar davon überzeugt, dass es stimmte, aber ich hatte immer noch nicht die geringste Ahnung, wie ich es anpacken sollte. Was ist Vertrauen? Wie kann ich lernen zu vertrauen? Ich war es leid, immer nur zu hören: vertraue! Wütend warf ich eine Hand voll Sand ins Meer.

Plötzlich hörte ich diese Stimme. Ich blickte mich um. Links und rechts von mir sah ich niemanden. Der Strand war ziemlich leer, einige Spaziergänger, am Horizont ein Segelboot und die Sonne am Abendhimmel. Ich hörte die Stimme erneut und drehte mich nach hinten, aber ich sah nur Häuser, die mir schon so bekannt vorkamen, dass sie mir längst nicht mehr aufgefallen waren.

Wieder warf ich Sand ins Meer, doch der Wind hatte gedreht und alles landete in meinem Gesicht. Plötzlich fühlte ich eine völlige Leere in mir. Ich erschrak. Ich fühlte mich hilflos und ausgeliefert, aber aus irgendeinem Grund hatte ich keine Angst. Wieder die

Stimme, und dann stand sie wie aus dem Boden gewachsen neben mir.

Samantha hatte braune, schulterlange Haare, die ihr über das Gesicht wehten und es verdeckten. Der Abendwind bauschte sich in ihrem Kleid.

„Darf ich mich zu Dir setzen?"

‚Warum nicht', dachte ich, ‚wenigstens endet der Tag in netter Gesellschaft.' Ich fand sie sympathisch, das musste ich zugeben.
Wir schwiegen.

„Warum soll ich Dich gerufen haben?", fragte ich nach einer Weile.

„Weil Du Dich beschwert hast", sagte sie liebevoll lächelnd.

„Ich kenne Dich doch gar nicht. Über was soll ich mich bei Dir beschwert haben?"

„Dein Leben sei nicht so, wie Du es Dir wünschst. Du seist der Einzige, bei dem sich nie etwas verändern würde. Keiner könne, wolle oder würde Dir wirklich helfen."

„Ich weiß ja nicht, wie Dein Leben ist", sagte ich aufgebracht, „mein Leben ist jedenfalls ziemlich langweilig und öde. Ich wünsche mir Veränderungen, aber es klappt nicht. Weißt Du, was die mir sagen, was ich machen soll? Du hast ja keine Ahnung..."

„Wer sind die?", unterbrach sie mich.

„Bücher, Berater, Seminare, die vielen spirituellen Ratgeber."

Sie schwieg und ich beruhigte mich wieder.

„Die werden Dein Leben aber auch nicht verändern", sagte sie.

„Super..! Warum gibt es sie dann?"

„Weil sie eine wertvolle Unterstützung auf Deinem Weg sind. Aber die Veränderung musst Du schon selbst machen. Wir alle sind dafür da, Dir dabei zu helfen."

„Ich stecke fest und bin verzweifelt", sagte ich trotzig.

„Deswegen bin ich ja gekommen."

Ich verstand nicht, was sie meinte und blickte auf das Meer hinaus. Die Sonne stand tief am Himmel, und der Sand war noch angenehm warm.

„Darf ich Dich etwas fragen?"

Sie nickte.

„Ich habe keine Ahnung, woher Du kommst und wer Du eigentlich bist. Aber vielleicht kannst Du mir ja wirklich helfen. Bitte sage mir eine Sache, die ich tun kann, nur eine, dass sich mein Leben verändert."

Sie blickte mich an, und ich bemerkte zum ersten Mal ihre wundervollen grünen Augen.

„Willst Du das wirklich wissen?", fragte sie. Ich nickte. Dann sah sie mich durchdringend an. Es war, als würde ich in ihrem Blick versinken.

„Vertrauen!"

„Nein", schrie ich und lies mich rückwärts in den Sand fallen. „Nein, nein und nochmals nein. Das kann doch nicht wahr sein. Haben sich denn alle gegen mich verschworen?"

Dann begannen mir die Tränen über das Gesicht zu laufen. Samantha wartete geduldig, bis ich mich wieder aufgesetzt hatte. Ich fühlte mich leer, war ratlos, erschöpft, enttäuscht.

„Du hast mich gerufen", sagte sie nach einiger Zeit. „Ich bin gekommen, weil Du lernen möchtest zu vertrauen und Du Dich beschwert hast, dass sich niemand um Dich kümmert."

„Bei wem soll ich mich denn beschwert haben?"

„Bei Gott."

Mir stockte der Atem. War das alles Zufall? In den letzten Wochen hatte ich mich bei Gott beklagt, weil mir einfach nichts mehr anderes eingefallen war. Ich hatte aber keine Antwort bekommen.

„Jetzt höre mal gut zu!"

Ich war aufgesprungen, stand vor ihr und mein Körper warf einen Schatten auf ihr hübsches Gesicht.

„Ich sage Dir jetzt klipp und klar... Wie heißt Du noch mal?"

„Samantha."

„In Ordnung Samantha. Ich bin in keiner Kirche, habe kein Interesse an irgendwelchen religiösen Diskussionen über das Paradies und die letzten Tage der Menschheit. Außerdem bekommst Du kein Geld von mir." Ich hatte mich in Rage geredet und begann, am Strand entlang zu gehen.

„Beruhige Dich", sagte Samantha.

„Nein, ich beruhige mich nicht. Ich habe mit Religion nichts zu tun und möchte keine Diskussionen über Gott führen."

„Warum hast Du ihn dann um Hilfe gebeten, Dich bei ihm beklagt und ihm vorgeworfen, er würde sich nicht um Dich kümmern?"

„Weil... Woher weißt Du das..? Das ist etwas anderes, das geht Dich nichts an."

Samantha lächelte, und ob ich es wollte oder nicht, sie hatte eine beruhigende Wirkung auf mich.

„Setze Dich bitte wieder neben mich", sagte sie freundlich.

Unschlüssig stand ich vor ihr und spürte die warme Abendsonne auf meinem Rücken. Schließlich setzte ich mich in einigem Abstand zu ihr in den Sand. Meine Sinne waren geschärft, und ich war jederzeit bereit aufzuspringen, um wegzulaufen oder mich zu verteidigen.

„Ich bin aus einem einzigen Grund hier", sagte Samantha, „weil Du Gott um eine Antwort gebeten hast und Du endlich lernen möchtest zu vertrauen."

„Ich habe keine Ahnung, woher Du das weißt, aber es stimmt."

„Gut, soweit sind wir uns ja einig. Willst Du mit mir sprechen und anhören, was Gott Dir sagen möchte?"

„Ich habe da noch eine ganz andere Frage."

„Gerne..."

„Warum kommt Gott nicht persönlich hierher zu mir an den Strand, sondern schickt Dich?"

„Ich kann und werde Dir diese Frage beantworten", sagte sie, „aber dafür musst Du bereit sein, Dir anzuhören, was ich Dir sagen möchte."

Die Antwort fand ich unbefriedigend. Aber langsam wich die Skepsis und meine Neugier gewann die Oberhand. Wieder blickte sie mich mit ihren grünen Augen an.

„Ich bin gekommen, weil Du mich gerufen hast und ich möchte Dir gerne helfen."

„Wie willst Du das tun?", fragte ich skeptisch.

„Nimm Dir Zeit. Morgen früh wirst Du ein anderes Leben beginnen können."

„Sind dann alle meine Probleme beseitigt? Habe ich mehr Geld und einen anderen Job?", fragte ich ironisch.

„Nein, das ganz sicher nicht. Ich werde Dir während dieser Nacht am Strand viele Geschichten erzählen. Morgen wirst Du Dein Leben in einem anderen Licht sehen und wirkliche Veränderungen können beginnen."

„Dann bist Du Samantha, die spirituelle Scheherazade".

Wir mussten beide lachen.

„Ich kann aber nicht die ganze Nacht hier bleiben. Irgendwann muss ich schlafen, duschen, essen und morgen früh wieder mit meinem Fahrrad zur Arbeit."

„Es ist Deine Entscheidung", sagte sie.

„Was soll ich tun?"

„Vertrauen."

Eine Schöpfungsgeschichte

Die beginnende Dämmerung tauchte den Himmel in ein Meer aus orangeroten Farben. Wolkenfäden, vom Wind getrieben, erschufen immer neue Phantasiebilder am Himmel.

„Lass uns die Zeit nutzen und am Strand spazieren gehen", sagte Samantha.

Sie stand auf, reichte mir die Hand und zog mich hoch. Wir waren am Ende des bewohnten Teils, auf der einen Seite erstreckten sich lange Häuserzeilen, in deren Glasfronten sich das Abendlicht spiegelte. Schweigend gingen wir los. Ich spürte, dass Samantha mir Zeit lassen wollte, mich an die Situation zu gewöhnen.

„Damit Du wirklich Vertrauen entwickeln kannst, möchte ich Dir eine etwas andere Version der Schöpfungsgeschichte, wie die Menschen hierher auf die Erde gekommen sind, erzählen. Denn Vertrauen kannst Du lernen, wenn Du die Gewissheit in Dir trägst, dass Dein Leben einen Sinn hat."

„Das klingt gut, doch wie bekomme ich diese Sicherheit?"

Samantha lächelte.

„Sicherheit gibt es keine, es geht um Gewissheit."

„Das geht ja schon gut los", entgegnete ich.

„Was ist der Unterschied?"

„Dies ist wirklich ein sehr wichtiger Aspekt, denn wir Menschen scheinen zu vertrauen, wenn wir glauben, eine Sicherheit zu besitzen. Aber wirkliches Vertrauen entsteht durch Gewissheit. Der Unterschied liegt darin, dass Sicherheit von außen kommt. Jemand gibt Dir die Sicherheit, dass etwas passiert oder auch nicht passiert. Das ist aber kein Vertrauen, das ist schlicht ein Abkommen, das eingehalten wird oder nicht – und selbst darauf kann ich mich nicht immer verlassen."

„Verstanden. Und Gewissheit?"

„Gewissheit ist, was in Dir selbst entsteht und Deine innerste Überzeugung ist, völlig unabhängig, ob dies von außen akzeptiert oder garantiert ist. Sicherheit ist eine Illusion. Gewissheit ist die Basis für Vertrauen."

Samantha hatte Recht. Immer wenn ich Vertrauen entwickeln wollte, suchte ich es in Sicherheiten und Garantien. Das war tatsächlich mein Problem, denn ich wollte immer etwas, auf was ich mich verlassen kann.

„Gewissheit, schön und gut. Meine Frage ist aber: Gewissheit in was oder wen?"

„Das ist genau der Punkt", fuhr sie fort. „Es geht darum zu wissen, warum wir auf der Welt sind und warum unser Leben so ist, wie es ist."

„Wer sagt mir denn, dass die Ideen, die Du mir erzählst, richtig sind?"

„Niemand kann das. Dies ist Teil Deiner Gewissheit. Du musst in Dir etwas spüren und wissen, warum Du auf der Welt bist. Dann kannst Du Vertrauen in Dich selbst und Dein Leben entwickeln. Der Grund, warum es vielen Menschen schwer fällt zu vertrauen, ist die fehlende Gewissheit, dass ihr Leben einen Sinn hat."

„Da scheinst Du Recht zu haben", sagte ich. „Ich habe tatsächlich keine Ahnung über mein Leben, außer dass es nicht so ist, wie ich es mir wünsche und ich es nicht schaffe, etwas zu verändern."

Wir gingen eine Weile nebeneinander am Strand entlang und hingen unseren Gedanken nach.

„Wie ist denn nun Deine Version der Schöpfungsgeschichte?", fragte ich Samantha.

„Du willst sie wirklich wissen? Gut. Es ist keine Schöpfungsgeschichte, sondern eine Beschreibung, warum Du auf der Erde mit bestimmten Herausforderungen konfrontiert bist."

„Ich bin gespannt."

„Auch in den Zeiten zwischen unseren Inkarnationen", begann Samantha zu erzählen, „sind wir mit unterschiedlichen Aufgaben und unserem spirituellen Wachstum beschäftigt. Irgendwann kommt der Punkt, an dem wir uns entscheiden, auf der Erde zu inkarnieren, sei es zum ersten Mal oder um zurück zu kommen. Viele andere möchten ebenfalls auf die Erde, und wir alle bekunden unser Interesse.

Bevor entschieden wird, ob und wann wir auf Planet Erde kommen, gibt Gott uns eine Aufgabe zur Vorbereitung. Wir sollen überlegen, was unser Beitrag zur Veränderung auf Planet Erde sein soll und wie wir dienen wollen, um das Wachstum und die Entwicklung von allen Menschen zu unterstützen. Wenn wir dies entschieden haben, werden wir ein Vorbereitungsgespräch mit Gott führen. Er wird uns dann die Regeln für unser Leben auf der Erde vorstellen."

„Das ist noch nichts besonderes", sagte ich, „aber welchen Bedingungen habe ich angeblich zugestimmt?"

„Nur Geduld, so weit sind wir noch nicht. Jetzt ist erst die Zeit für unser Abstimmungsgespräch mit Gott. Wir stellen ihm unsere Pläne vor, was wir lernen und erfahren möchten und was unser Beitrag auf Planet Erde sein wird."

„Jetzt habe ich eine Frage", unterbrach ich Samantha. „Was verstehst Du unter Beitrag und wo liegt der Unterschied zu unseren Lernaufgaben?"

„Unser Beitrag kann zum Beispiel Mitgefühl, Verzeihen oder Liebe sein. Damit wir diesen Beitrag leisten können, benötigen wir bestimmte Lernaufgaben. Wenn Du hier das Thema Verzeihen gewählt hast, musst Du zunächst einmal Situationen erfahren, damit Du etwas zum Verzeihen hast."

Ich blieb stehen, erstarrte und schüttelte ungläubig den Kopf. Das klang sehr logisch, aber wenn ich es in letzter Konsequenz weiterdachte, hatte das gravierende Folgen.

Samantha ahnte meine Verwirrung und Angst vor dem, was ich gleich noch hören würde. Sie blickte mich an. Ihre Augen waren voller

Liebe. Das beruhigte mich zwar nicht, aber zumindest fühlte ich mich beschützt. Ein merkwürdiges Gefühl, denn ich wusste nicht, wovor sie mich beschützen könnte.

„Wenn das alles so stimmt..." fragte ich vorsichtig, „dann habe ich mich entschieden, hier bestimmte, nennen wir es Katastrophen, zu erfahren, damit ich die entsprechenden Lernerfahrungen machen kann?"

„Das ist richtig. Du hast Dich entschieden. Es geht sogar noch einen Schritt weiter. In dem Abstimmungsgespräch mit Gott hast Du darum gebeten, dass die entsprechenden Situationen in Dein Leben kommen werden, und Du hast Dich mit anderen, die ebenfalls auf Planet Erde sein möchten, verabredet. Sie übernehmen sozusagen eine Rolle für Dich, damit bestimmte Situationen möglich werden. Gott hat versprochen, Dir dabei zu helfen, diese Erfahrungen zu machen."

„Dann gibt es keinen strafenden Gott?"

Samantha schüttelte den Kopf.

„Es gibt nur einen liebenden Gott, und er ist voller Dankbarkeit für Dich, dass Du bereit bist, hierher zu kommen, um durch Deine Erfahrungen die Situation auf der Erde zu verändern."

„Ist dann alles falsch, was in der Bibel steht oder was die Religionen sagen?", fragte ich verstört.

„Jetzt sind wir an dem zentralen Aspekt für Vertrauen. Es gibt kein wahr oder falsch, sondern alles hängt davon ab, welche Gewissheit Du in Dir trägst. Du entscheidest Dich für Deine Gewissheit. Wenn Du sie wirklich in Dir spürst, wächst Dein Vertrauen mit Deiner Gewissheit. Du entscheidest für Dich, was wahr ist."

Während unseres Gespräches waren wir immer wieder stehen geblieben und hatten diskutiert. Die Sonne begann sich für das Abendrot bereit zu machen, und wir setzten uns in den Sand.

„Wenn ich Deine Geschichte richtig verstehe", sagte ich nach einiger Zeit, „ist meine jetzige Lebenssituation ein Teil meines Planes, den ich vor meiner Ankunft hier selbst entschieden habe. Kann es sein, dass ich mir ausgesucht habe, Vertrauen zu lernen?"

Samantha lächelte.

„Ich weiß es nicht, aber es kann sein. Wenn es so ist, musst Du durch viele Situationen mit Zweifeln, Ängsten und Sorgen, denn wie willst Du denn sonst ins Vertrauen kommen?"

„Das stimmt. Dann macht es auch gar keinen Sinn, sich bei Gott zu beschweren. Im Gegenteil. Er hilft mir, meinen Plan zu erfüllen."

„Gott antwortet immer", sagte Samantha.

„Was bedeutet das? Ich verstehe nicht, was das mit unserem Gespräch zu tun hat."

„Geduld, gib mir bitte noch etwas Zeit."

„Gut. Also noch einmal..." Ich holte tief Luft. „Meine Lebenssituationen habe ich selbst gewählt und bin dafür verantwortlich. Stimmt das so?"

Sie nickte.

„Weißt Du, was gerade geschieht, Samantha? Meine Lebensumstände sind immer noch die gleichen. Aber wenn ich Dir sage, dass ich sie akzeptiere, fühlt es sich leichter an."

„Was bedeutet leichter?", fragte Samantha.

„Ich habe das Gefühl, dass ich jetzt etwas verändern kann. Solange ich über mein Leben klage, kann ich das nicht. Aber halt! Ich habe noch eine Frage. Du hast von den Bedingungen, die ich vor meiner Ankunft auf der Erde akzeptiert habe, gesprochen. Welche Bedingungen sind das?"

Ich spürte, dass ich ungeduldig wurde.

„Gehen wir noch einmal zurück zu Deinem Abstimmungsgespräch mit Gott. Du hast Gott Deine Lebensaufgaben, Projekte und alles, was Du erfahren willst, vorgestellt. Jetzt hat Gott Dich gefragt, ob Du das wirklich alles so erfahren möchtest, und Du hast zugestimmt. Ja, Du warst ungeduldig, so wie Du Dich jetzt fühlst. Du wolltest wissen, wann es endlich losgeht mit Deinen Erfahrungen auf Planet Erde. Jetzt hat Gott Dir die Bedingungen mitgeteilt:

Auf Planet Erde herrscht die Dualität. Das war die erste.

Damit die Dualität für Dich persönlich wirken kann, begleiten Dich Deine Schutzengel und Dein Ego. Das war die zweite.

Wenn Du auf Planet Erde ankommst, wirst Du alles, was in dem Abstimmungsgespräch mit Gott besprochen wurde, vergessen haben. Das war die dritte.

Und dann kam seine Frage: Bist Du damit einverstanden?"

Fragend sah ich Samantha an.

„Du hast mit Ja geantwortet, denn sonst wärst Du nicht hier."

Ich schwieg und dachte nach.

„Lass uns wieder ein Stück zurück gehen," sagte ich nach einiger Zeit.

Ich hatte meine Schuhe ausgezogen und wir gingen barfuß durch das flache Wasser, die Sonne schien uns noch ins Gesicht, aber es wurde bereits kühler.

„Es macht durchaus Sinn, was Du mir erzählst. Aber ehrlich gesagt fällt es mir schwer zu akzeptieren, dass ich für alle Erfahrungen in meinem Leben nicht nur verantwortlich bin, sondern sie auch noch selbst geplant haben soll. Das bedeutet, Gott macht eigentlich nichts anderes, als mir meine Lernaufgaben zur Verfügung zu stellen."

Samantha ging schweigend neben mir her und überließ mich meinen Gedanken.

„Eines verstehe ich aber immer noch nicht. Was hat das alles mit Vertrauen zu tun?"

„Vertrauen zu lernen ist ein aktiver Prozess", sagte Samantha. "Deswegen unterhalten wir uns so ausführlich darüber. Vertrauen lernst Du, wenn Du diese Gedanken wirklich im Alltag praktizierst."

„Ich verstehe immer noch nicht, wie das möglich ist. Kannst Du mir ein Beispiel geben?"

„Gerne. Du kommst morgen früh nach Hause, im Briefkasten liegt wieder einmal eine Rechnung, die Du nicht bezahlen kannst."

„Das kommt leider ständig vor...", sagte ich und musste dabei sogar lächeln.

„Deine Reaktion ohne Vertrauen ist, dass Du in die Opferhaltung gehst, wütend und verzweifelt wirst und alle möglichen Menschen, Lebensumstände, Gott oder am besten alles zusammen dafür verantwortlich machst, wie Dein Leben ist. Jetzt hast Du keine Kraft mehr, denn Du hast sie in der Opferrolle verbraucht. Du hast nicht das geringste Vertrauen, dass sich etwas verändern wird."

„Das stimmt...leider. Um ehrlich zu sein, war das immer meine Reaktion auf die schwierigen Ereignisse in meinem Leben."

„Das verstehe ich", fuhr sie fort. „Wenn Du Schritt für Schritt ins Vertrauen gehen möchtest, machst Du folgendes: Du siehst den Brief im Briefkasten, öffnest ihn und erschrickst, ein Moment der Panik kommt hoch, vielleicht auch Angst, Verzweiflung oder Wut. Das ist alles normal. Jetzt kommt die Veränderung. Du atmest ein paar Mal tief ein und aus und sagst dann zu dir selbst, am besten laut:

Ich habe diese Situation erschaffen. Ich kann diese Situation lösen. Ich vertraue.

Du wirst sehen, innerhalb kürzester Zeit verändert sich Deine Energie. Nun beginnt die Arbeit. Es ist wichtig, dass Du diesen Gedanken aufrecht erhältst. Immer wieder und immer wieder."

„... und dann kommt plötzlich Geld...", fragte ich immer noch etwas staunend.

„Vielleicht. Oder es geschieht irgendetwas anderes. Auf jeden Fall können erst jetzt Veränderungen eintreten. Aber natürlich gibt es noch viel mehr zu tun, deswegen haben wir ja auch die ganze Nacht Zeit."

„Ich glaube, Du hast Recht, und ich werde es versuchen. Auf jeden Fall habe ich verstanden, dass ich Vertrauen in mir selbst entwickeln muss. Das kommt nicht von irgendwo hergeflogen."

„Nein, ganz bestimmt nicht", sagte Samantha lachend. „Jetzt siehst Du, wie die Dinge zusammenhängen. Wenn in Dir die Gewissheit ist, dass Du hier gerade Deinen Lebens-

plan verwirklichst, wirst Du auch die Lebenssituationen meistern können. Veränder-
rung geschieht nur durch Vertrauen. Gott
hilft Dir, hier auf der Erde Deinen Lebensplan zu verwirklichen, auch wenn Du Dein
Leben als Katastrophe empfindest. Das liegt
daran, dass Du mit Deiner Ankunft dem
Vergessen zugestimmt hast. In dem Moment, wenn Du Dir selbst vertraust, hilft Dir
Gott auch die notwendigen Veränderungen
zu erschaffen."

„Deswegen antwortet Gott immer?", fragte
ich neugierig.

„Geduld."

Inzwischen waren wir wieder an dem Platz
angekommen, wo wir uns kennen gelernt
hatten. In der Ferne sah ich mein Fahrrad an
den Zaun gelehnt, der Strand war menschen-
leer, und die Beleuchtungen der Häuser begannen ein Spiel des Lichts und eiferten mit
dem Funkeln der farbigen Wolken, die durch
das Abendrot beleuchtet wurden, um die
Wette.

Wir saßen am Strand, und ich ließ Sand durch
meine Hände wie durch eine Sanduhr laufen.
All die Informationen wirkten in mir und lie-
ßen in mir Gefühle entstehen, die ich lange

nicht mehr gespürt hatte. Eine tiefe Gewissheit, dass mein Leben einen Sinn hat und dass ich wirklich jede Herausforderung lösen kann. Endlich war ich wieder einmal erleichtert, dabei hatte sich an den Rahmenbedingungen meines Lebens noch gar nichts verändert. Aber die Sichtweise auf mein Leben war eine andere. Ich hatte das Gefühl, dass ich wieder eine Chance hatte.

„Das ist Vertrauen", sagte Samantha neben mir.

„Was?"

„Deine Gefühle und wie Du gerade über Dein Leben denkst."

„Woher weißt Du, was ich fühle und denke?"

Samantha schwieg.

„Du wolltest wissen, was es bedeutet, zu vertrauen. Jetzt gehst Du den ersten Schritt: Du entwickelst in Dir die Gewissheit, dass Du Dein Leben geplant hast und Du deswegen auch alles verändern kannst. Niemand, weder Gott noch die Menschen, möchten es Dir schwer machen, sondern alle helfen Dir, Deinen Plan zu erfüllen. Gott antwortet immer."

Ich dachte über mein Leben nach und was sich die vergangenen Jahre ereignet hatte, ahnte die große Dimension, fühlte mich aber nicht in der Lage zu erkennen, welcher Plan wirklich hinter meinem Leben steckte.

„Samantha, wenn ich mein ganzes Leben bereits geplant habe, ist die Konsequenz daraus, dass schon feststeht, was in der Zukunft passiert?"

„Du hast nicht geplant, was geschehen wird, sondern nur, welche Erfahrungen Du machen möchtest und was Dein Beitrag hier auf Planet Erde ist. Du kannst Dir das folgendermaßen vorstellen. Du wohnst im Süden. Dein Plan ist aber nach Norden zu kommen und auf dem Weg dorthin möchtest Du verschiedene Erfahrungen machen. Es ist Dein freier Wille, wie Du von Süd nach Nord gelangst: zu Fuß, mit dem Auto, im Flugzeug oder auf einem Schiff. Alle göttlichen Kräfte und Menschen werden Dir helfen, dorthin zu kommen und unterwegs die entsprechenden Erfahrungen zu erleben. Du wirst aber erst ans Ziel kommen, wenn Du die Erfahrungen und Aufgaben gelöst hast. Du kannst das Tempo in Deinem Leben bestimmen, Abkürzungen gibt es jedoch nicht."

„Bist Du eine göttliche Kraft oder ein Mensch?", fragte ich Samantha plötzlich.
„Vielleicht beides", sie lächelte verschmitzt „Es kommt aber noch etwas wichtiges dazu, und darin liegt der Grund, warum Vertrauen so wichtig ist."
„Na, da bin ich gespannt."

„Vielen Menschen geht es wie Dir. Sie kämpfen mit ihrer Lebenssituation, sind unzufrieden, beschweren sich und machen äußere Umstände für ihr Leben verantwortlich. Jetzt, in der gegenwärtigen Entwicklung, die auf der Welt geschieht, ist es sehr wichtig, Vertrauen zu lernen."
„Deswegen hören wir auch ständig von allen Seiten: Vertrauen, Vertrauen, Vertrauen...", sagte ich den Kopf schüttelnd.
„Richtig. Es gibt einen Grund, warum es so wichtig ist, dass immer mehr Menschen notwendig sind, die wirklich vertrauen. Bevor wir hierher auf Planet Erde gekommen sind, haben wir uns entschieden, unsere Lebenspläne nur bis zur jetzigen Zeit zu schreiben."

„Was bedeutet das? Sterben wir alle wie die Lemminge?"

„Im Gegenteil. Wir haben hier auf der Erde die historische Chance, zu Lebzeiten unsere Pläne fortzuschreiben. Sozusagen eine Inkarnation im Doppelpack."

„Das ist eine geniale göttliche Marketingstrategie", sagte ich lachend. „Wir haben die Chance, in einem Leben zwei Leben zu erfahren?"

„Nicht alle, nur diejenigen, die sich dafür entschieden haben", sagte Samantha.

„Und die anderen..?", fragte ich.

„Kümmere Dich nicht um die Pläne der anderen. Wichtig ist wirklich nur die Gewissheit, dass alles einen Sinn hat. Der Tod eines Menschen ist Teil seiner Vereinbarung und verändert die Pläne der Lebenden."

Ich nickte zustimmend.

„Wo ist der Haken bei der Inkarnation im Doppelpack?", fragte ich nach einer Weile.

„Vertrauen."

Ich wusste es!

„Vertrauen ist die Voraussetzung, dass wir hier unseren Lebensplan neu oder weiter schreiben können. Vertrauen ist die Eintrittskarte für ein neues Leben."

Jetzt fielen mir die Scheuklappen von den Augen. Das war der Grund, warum so viele Menschen gerade an ihre persönlichen und spirituellen Grenzen stoßen. Der übergeordnete Plan ist, dass wir die Chance haben, ein weiteres Leben zu führen. Deswegen müssen wir uns selbst zunächst an unsere Grenzen bringen, um daran zu wachsen, lernen zu vertrauen, um dann unseren neuen Lebensplan zu schreiben.

„Erinnere Dich", fuhr Samantha fort, „bei unserem Abstimmungsgespräch mit Gott wurde gesagt, wir bekommen unsere Schutzengel und unser Ego als Begleiter zur Seite gestellt. Das bedeutet, sowohl unsere Schutzengel als auch unser Ego schreiben an unserem Plan mit, und es ist sehr wichtig, hier klare Unterscheidungen zu treffen. Sonst wird unser neuer Lebensplan eine Ego-Veranstaltung."

„Je mehr wir im Vertrauen sind, desto eher folgen wir unseren göttlichen Möglichkeiten und nicht unserem Ego."

„Richtig", sagte Samantha, „jetzt ist die Türe offen für Dich. Aber ich bitte Dich um Geduld. Wir haben noch viel zu besprechen. Die eigentliche Reise beginnt jetzt."

„Wie meinst Du das?"

„Vertrauen bedeutet, die Gewissheit in Deine göttlichen Fähigkeiten zu haben, um Dein Leben zu erschaffen. Du bist umgeben von Unterstützung und kannst alles verändern. Dies ist das Fundament für Vertrauen. Je stärker diese Gewissheit ist, umso fester Dein Vertrauen."

Gemeinsam betrachteten wir, wie sich die Sonne immer mehr dem Horizont näherte. Die Farben wurden intensiver und warfen einen goldenen Steg auf das Meer, als ob die Sonne uns einladen wollte, zu ihr zu kommen. Die Sonne begann sich zu verabschieden und im Meer zu versinken. Plötzlich ging es schnell und sie war endgültig verschwunden, um sich genau in diesem Moment an einem anderen Ort zu erheben.

„Welches Wunder der Gleichzeitigkeit", sagte Samantha.

Lebensfreude

Wir verbrachten eine wunderbare Zeit voller Ruhe und versunken in die Betrachtung des Farbenspiels, mit dem der Tag sich verabschiedete und der beginnenden Nacht wich. Sonnenuntergänge sind Momente unglaublicher Schönheit, und das brachte Samantha zum nächsten Thema. Inzwischen war meine Skepsis gewichen, und ich begann ihr zu vertrauen. Natürlich wusste ich immer noch nicht, warum sie ausgerechnet heute bei mir am Strand aufgetaucht war. Allerdings fragte ich sie auch nicht, denn vermutlich hätte ich ohnehin keine Antwort bekommen.

Schließlich begann Samantha zu erzählen, und ich verstand nicht, was Lebensfreude mit Vertrauen zu tun haben sollte. Aber im Laufe unseres Gesprächs wurde immer deutlicher, wie Recht sie hatte, denn der Spaß am Leben war mir wirklich abhanden gekommen.

Mit Zweifel und fehlendem Vertrauen werden wir konfrontiert, wenn unser Leben nicht so verläuft, wie wir es uns wünschen und wir vor Problemen stehen, die wir lösen müssen. Wenn es uns gut geht, ist Vertrauen selten ein Thema. Jetzt kommt die Verknüpfung von beidem hinzu: wenn wir unsere Lebensfreude steigern können, wächst unser Vertrauen. Ich fragte sie natürlich, womit das zusammenhängt. Vertrauen ist etwas, was nur in mir entstehen und wirken kann, Freude ist ebenfalls ein Teil von mir, der aus mir entsteht. So können sich diese beiden Kräfte miteinander verbinden.

Die beginnende Dunkelheit der Nacht umhüllte uns, als Samantha mir diesen Kreislauf aus Vertrauen und Lebensfreude beschrieb. Zuvor hatte sie mich aber mit einer Aussage geschockt: Wenn wir unser Leben verändern möchten, muss es zunächst schlechter werden, deswegen ist Lebensfreude so wichtig. Natürlich widersprach ich heftig, obwohl ich gar nicht verstand, was sie meinte. Schließlich erzählte sie mir ein Beispiel, das mich überzeugte.

Wenn wir in unserem Leben etwas verändern möchten, ist das vergleichbar damit, wenn wir in einem Einrichtungshaus eine neue Küche bestellen. Wir leben in unserer Wohnung, sind unzufrieden mit der alten Küche, aus irgendeinem Grund funktioniert sie nicht mehr und muss ausgetauscht werden. Was tun wir? Wir bestellen bei einem Einrichtungshaus eine neue Küche und freuen uns, dass mit der neuen Küche alles besser wird und warten darauf, dass die neue Küche auch bald geliefert wird.

Ebenso ist es, wenn wir in unserem Leben etwas verändern wollen. Wir haben Seminare besucht, Bücher gelesen, Entscheidungen getroffen, und jetzt freuen wir uns auf die positiven Veränderungen in unserem Leben. Stattdessen geschieht das Gegenteil: unsere finanziellen Probleme werden größer, es gibt noch mehr Ärger mit dem Partner und unsere Lebensaufgabe scheinen wir auch nicht zu finden. Kurz gesagt, wir haben alles getan, dass unser Leben endlich besser wird, und es geschieht das Gegenteil. Samantha ging tatsächlich so weit zu sagen, dass es sogar so sein muss. Es ist notwendig, dass es uns schlechter geht, damit das Neue in unser Leben kommen kann.

Trotz meiner Ratlosigkeit fuhr sie mit dem Küchenbeispiel fort. Wenn ich beim Einrichtungshaus meine Bestellung abgeliefert habe, ist die alte Küche immer noch bei mir. Bald wird es an meiner Türe klingeln, freudig laufe ich zur Türe und öffne – statt der neuen Küche stehen zwei Personen vor der Türe, die mir sagen, dass sie gekommen sind, um die alte Küche herauszureißen. Ich versuche ihnen zu erklären, dass es ein Irrtum sei, denn ich habe ja die neue Küche bestellt. Das wüssten sie schon, deswegen seien sie da, denn sie wollten Platz für die neue Küche machen und die alte entsorgen.

Ebenso ist es bei unserem Manifestationsprozess. Ich erwarte das Neue und stattdessen werde ich erst einmal mit meinen alten nicht bearbeiteten Themen konfrontiert. Meistens bestelle ich möglichst schnell und viel. Dementsprechend schnell sehe ich mich vielen Herausforderungen gegenüber stehen.

Doch zurück zu meiner Küche. Die Handwerker stehen vor der Türe, und jetzt habe ich mehrere Möglichkeiten. Ich schicke sie wieder weg, dann blockiere ich meinen Manifestationsprozess. Oder ich lasse sie mehr oder weniger widerwillig herein, und sie beginnen, meine alte Küche herauszureißen. Das verläuft meist nicht zimperlich. Irgendwann kann es passieren, dass ich zwischen Staub, Dreck und Chaos eine Panikattacke bekomme und schließlich werfe ich die beiden aus der Wohnung.

Die dritte Möglichkeit ist, es zu akzeptieren und bei der Arbeit mitzuhelfen. Ich weiß, dass es eine schwierige Übergangszeit geben kann, vielleicht sogar ohne Küche. Dies mache ich gerne, denn je schneller ich das Alte bearbeite, umso leichter und einfacher kann das Neue in mein Leben kommen. Wenn ich aber eine der beiden ersten Möglichkeiten wähle, geschieht folgendes: entweder behalte ich die alte Küche und beklage mich darüber, dass sich nichts in meinem Leben verändert oder ich habe Chaos in meinem Leben, weil ich die laufenden Veränderungen gestoppt habe. Jetzt habe ich eine alte kaputte und keine neue Küche.

Vertrauen bedeutet zu wissen, dass eine Veränderung in meinem Leben die Bereitschaft voraussetzt, alte Themen anzunehmen. Als Samantha mir das erzählte, musste ich lachen und weinen. Mein Leben war voller offener Baustellen, auf denen ich aufgehört hatte zu arbeiten. Stattdessen beklagte ich mich, welche ungeheuren Schwierigkeiten in meinem Leben sind. Ich habe mir und meiner Umgebung stets all die Baustellen gezeigt und erklärt, wie schlimm alles ist. Ich war Opfer meiner eigenen unerledigten Themen, anstatt sie mutig anzupacken und zu verändern.

Ich habe die Wahl: Vertrauen und mein Leben verändern oder mein Opferdasein auf meinen zahlreichen Baustellen zelebrieren. Wie oft hatte ich die Helfer vor meiner Türe weggeschickt, weil sie nicht das erhoffte Neue dabei hatten, sondern mich unterstützen wollten, das Alte zu beseitigen.

Die ersten Sterne begannen an dem milchig dunklen Nachthimmel aufzublinken. Samantha hatte mir diese Geschichten und Zusammenhänge so lebhaft erzählt, dass ich gar nicht bemerkte, wie schnell die Zeit vergangen war.

„Gott antwortet immer", sagte Samantha nach einer Weile.

„Was bedeutet das?"

„Wenn Du in Deinem Leben etwas verändern möchtest und das Neue erschaffen willst, schickt Gott Dir Menschen und Gelegenheiten, das Alte zu bearbeiten und loszuwerden. Anstatt die Unterstützung anzunehmen, schicken die Menschen jedoch Beschwerdebriefe an Gott."

„Ich muss zugeben, ich habe ihm viele Briefe geschrieben..."

Samantha sah mich liebevoll an. Ich mochte ihre grünen Augen, die so viel Heilung ausstrahlten.

„Ich weiß. Jetzt kannst Du es verändern."
„Wo ist denn das Thema Lebensfreude geblieben?"
„Zunächst war es wichtig, die anderen Zusammenhänge zu verstehen. Jetzt können wir das Küchenbeispiel mit Lebensfreude verknüpfen. Erinnerst Du Dich, ich habe gesagt, wenn wir etwas verändern möchten, muss es erst schlechter werden. Aber so stimmt das nicht. Die meisten Menschen empfinden es nur so. Denn es ist meine Entscheidung, mit welchen Gefühlen ich die Helfer meine Küche herausreißen lasse."
„Stimmt. Ich kann freudig die Türe öffnen und meine Helfer begrüßen: schön, dass ihr da seid; das wird jetzt richtiges Chaos, aber wir gehen da gemeinsam durch und schaffen es. Ich freue mich auf meine neue Küche", sagte ich lachend.
„Ja!", rief Samantha und war vor Freude aufgesprungen. „Genauso kannst Du es auch in Deinem Leben machen. Stell Dir vor, es kommen wieder irgendwelche Schwierigkeiten auf Dich zu. Das nächste Mal sagst Du einfach..."

„...herzlich willkommen", unterbrach ich sie. „Ich weiß, dass diese Situation mir hilft, mein Leben zu klären und zu verbessern."

„Wow! Das geht sogar noch weiter: Ich bin in völligem Vertrauen, dass ich es kann und nehme die Herausforderung freudig an", ergänzte Samantha.

„Hoffentlich kann ich mir das bis zum nächsten Mal merken", sagte ich grinsend. „Aber ich bin überzeugt, dass diese Situation bald kommen wird."

„Das ist die Kombination aus Vertrauen und Lebensfreude."

„Samantha, das klingt alles wunderbar, aber um ehrlich zu sein, habe ich schon noch ein Problem."

„Heraus damit...!"

„Wir sitzen am Strand, und hier ist es relativ einfach, über Vertrauen und Lebensfreude zu philosophieren. Aber meine Realität ist anders. Die Ereignisse fallen oft unvorhergesehen über mich herein... und sicher geht das auch anderen Menschen so."

„Da hast Du völlig Recht. Alle diese Themen, über die wir reden, bedeuten kontinuierliche Arbeit. Wenn Du das einmal verstanden hast, wird sich das eine oder andere schnell verändern, aber trotzdem brauchst

Du Disziplin. So wie es Deine Aufgabe ist, an Deiner Gewissheit zu arbeiten, dass alles im Leben Deinem Plan folgt, bleibt Lebensfreude die tägliche Übung."

„Einverstanden", sagte ich, „was kann ich tun, dass ich mehr Freude am Leben habe?"

„Nun, zunächst das Übliche, achte darauf, dass es Dir gut geht..."

„...sag das mal einem Menschen, dem es gerade schlecht geht...." warf ich empört ein.

„Beruhige Dich. Das stimmt. Dennoch kannst Du viel tun. Massage, Kino, Freunde... Aber alle diese Dinge sind bekannt. Ich möchte Dir etwas anderes für Lebensfreude vorschlagen. Das ist subtiler, feiner und ungeheuer wirksam – aber auch das erfordert Arbeit." Sie zwinkerte mir mit einem Auge zu.

„Jetzt mach´ es nicht so spannend."

„Beginne Deinen Tag, gleich morgens im Bett, mit der Intention, dass Du heute Menschen eine Freude machen willst. Dann erledige alles wie immer. Bei dem ersten Menschen, der Dir begegnet, überlege Dir, wie Du ihm eine Freude machen kannst."

„Das ist ja wie bei den Pfadfindern..."

„Vielleicht."

Sie lächelte verschmitzt.

„Wichtig ist, dass Du weder belehrst noch irgendetwas tust, was die Person nicht will. Es sind die kleinen Dinge: ein Lächeln, jemandem den Vortritt lassen, ein Kompliment, ein kleines Geschenk. Wenn etwas nicht klappt, geduldig, freundlich und nachsichtig sein."

„Das klingt anstrengend, denn ich muss ja permanent in einem aufmerksamen Zustand sein."

„Ich habe Dir versprochen, es ist Arbeit", sagte sie grinsend. „Aber weißt Du, was geschehen wird? Du hast ständig ein Lächeln im Gesicht. Das Beste ist, dadurch wächst Dein Vertrauen von selbst. Du wirst sehen. Versuche es."

Der Himmel war gesprenkelt von leuchtenden, glitzernden Sternen. Tief im Westen, wo sich die Sonne verabschiedet hatte, stand jetzt ein Planet. Hell und klar leuchtend, schien er uns den Weg zu weisen. Samanthas letzte Worte hatten sehr bestimmt und abschließend geklungen. Dennoch hatte ich keine Bedenken, dass sich unsere Begegnung dem Ende nähern könnte.

Ich spürte, dass mein Vertrauen zu ihr immer mehr wuchs und ich die Zeit mit ihr genoss.

Das Geschenk

„Opferhaltung ist der Gegenspieler von Vertrauen", sagte Samantha.

Wir waren wieder am Strand spazieren gegangen und blieben stehen, um die Sternbilder am Himmel zu bewundern. Das Wasser war kühl und umspielte unsere Füße.

„Opferhaltung macht Vertrauen unmöglich", fuhr sie nach einiger Zeit fort. „Das ist einer der wichtigsten Gründe, warum Menschen nicht vertrauen können. Sie sind mit ihrer Lebenssituation nicht zufrieden und lehnen sich dagegen auf."

„Die wir uns ja selbst erschaffen haben", ergänzte ich, „zumindest behauptest Du das."

„Alles was wir hier besprechen, muss nicht wahr sein. Es geht nicht um Wahrheit. Experimentiere mit diesen Gedanken, und wenn Dein Leben einfacher wird und Du glücklicher bist, dann war es das Ganze wert."

„Ich werde es auf jeden Fall versuchen. Aber jetzt erkläre mir bitte das Thema der Opferhaltung."

„Jetzt wirst Du mich gleich sehr ungläubig ansehen..." Sie zwinkerte mich an.

Ich hätte sie jetzt gerne in den Arm genommen, aber mir fehlte der Mut dazu.

„Wir müssen noch einmal zu unserem Abstimmungsgespräch mit Gott zurück. Darin haben wir unseren Beitrag, was wir in unserem Leben lernen und erfahren wollen, definiert. Wir haben aber noch etwas anderes festgelegt. Ich nenne es „Geschenk". Bisher ging es in dem Abstimmungsgespräch nur darum, welche Erfahrungen wir hier machen wollen. Aber das wäre ein Ungleichgewicht. Ein Aufenthalt auf Planet Erde bedeutet auch immer ein Geschenk für die anderen Menschen – und je nachdem, mit wie viel Leidenschaft und Hingabe wir dieses Geschenk erfüllen, ist das Wachstum für uns alle umso größer."

„Ich kann mir noch nicht vorstellen, was Du damit meinst."

„Hier auf der Erde wird das Geschenk am ehesten mit Verzicht beschrieben. Jemand hat in seinem Leben für andere auf etwas verzichtet: eine Mutter auf die eigene Karriere, wegen ihres Mannes oder ihrer Kinder. Oder eine Krankheit, ein Handicap, die Pflege anderer Menschen, schwierige Beziehungen, Freundschaften – all das sind Geschenke. Ich könnte die Liste beliebig lange fortsetzen. Aber es sind Akte der Liebe, und sie werden vorher geplant und abgesprochen. Jeder Mensch hier auf der Erde kommt mit einer Lernaufgabe und einem Geschenk für andere."

„Weil wir aber zugestimmt haben, dass wir alles vergessen, glauben wir, dass unser Leben schwierig ist. Dabei läuft alles nach Plan."

„Richtig. Und Du kannst Dir denken, was jetzt kommt..."

Ich lachte.

„Gott antwortet immer."

„Stimmt! Gott hilft uns, dass wir die Erfahrungen und Geschenke, die wir abgesprochen haben, erfüllen können. Aber es gibt noch einen weiteren Grund, warum das Thema ‚Geschenk' so wichtig ist. Wirklich sehr wichtig."

Wir schwiegen und gingen nebeneinander her.

„Du bist mit Deiner Lebensaufgabe oder Deinen Herausforderungen niemals allein", fuhr sie fort. „Für jede Deiner Lernaufgaben gibt es die entsprechenden Menschen mit ihren „Geschenken", um Dich zu unterstützen: Deine Familie, Deine Freunde, Deine Partner, Menschen, die mit Dir durchs Leben gehen, um Dir bei Deiner Lernaufgabe zu helfen. Gleichzeitig hilfst Du Ihnen und anderen mit Deinen Geschenken."

Ich war sehr berührt und spürte, wie mir Tränen in die Augen stiegen. Das gesamte Leben hatte jetzt einen Sinn, einen Plan und eine Logik. Ich empfand es poetisch. Plötzlich erschien mir mein Leben mit allen Schwierigkeiten sogar schön.

„Aber Geschenke sind nicht nur die positiven Seiten", fuhr sie fort. „Unsere Geschenke für die anderen haben zwei Seiten. Einerseits unterstützen wir durch Hingabe und bedingungslose Liebe, andererseits fordern wir andere Menschen, um sozusagen ihren Lebensplan auszulösen."

„Engel und Teufel in einer Person", sagte ich nachdenklich.

„Nein, nur Engel", widersprach Samantha sehr bestimmt. „Sowohl diejenigen Menschen, die uns das Leben am schwierigsten machen, als auch jene, die uns am meisten unterstützen, sind unsere wichtigsten spirituellen Förderer. Aber wir handeln immer aus der Liebe."

„Schwer zu glauben", sagte ich.

„Ja, das liegt daran, dass wir dem Vergessen zugestimmt haben, damit die Dualität ihre

Wirkung entfalten kann. Die Opferhaltung entsteht durch unser Vergessen, ist aber eigentlich nur eine große Illusion."

Sie erzählte mir noch weitere Zusammenhänge, die mir die Augen öffneten. Wir können auch manche Herausforderungen in diesem Leben endgültig überwinden. Wenn wir es schaffen, traumatische Lebenssituationen zu verändern, sorgen wir nicht nur für unser eigenes Wachstum, sondern machen den anderen erneut ein „Geschenk". Denn als Vorbild und Beweis, dass Dinge möglich sind, die wir vielleicht selbst für unmöglich gehalten haben, können wir vielen Menschen helfen. Plötzlich öffneten sich vor meinem inneren Auge unglaubliche Perspektiven, denn jetzt verstand ich, was es bedeutet, dass wir alle miteinander verbunden sind. Auch dies war eine Formulierung, die ich in der Spiritualität immer und immer wieder hörte und eigentlich nie richtig verstanden hatte. So wie Samantha es beschrieb, wurde deutlich, wie ein Leben viele andere berührt und ein großer Kreislauf aus Entwicklung und Liebe entsteht.

„Bleibt noch die Frage, wie ich die Opferhaltung in meinem Leben überwinden kann. Denn ich bin ja durch meine Lebenssituation und die aktuelle Ereignisse ständig damit konfrontiert."

Wir standen am Strand und blickten auf den weiten dunklen Horizont, wo der helle, glänzende Planet immer wieder unsere Aufmerksamkeit fesselte. Samantha genoss die Stille.

„Was auch immer in Deinem Leben geschieht, betrachte es als Geschenk", brach sie das Schweigen.

„Wie soll das funktionieren?"

„Was machst Du normalerweise mit einem Geschenk?", fragte sie mich.

„Annehmen und auspacken."

„Das ist schon einmal sehr gut", sagte sie lachend, „und am besten dankbar annehmen. Du siehst, hier beginnt sich bereits der Kreis zu schließen. Aus der Gewissheit, dass alles einen Sinn hat, verbunden mit Deiner Lebensfreude, entsteht die Möglichkeit, alles dankbar anzunehmen. Du weißt, dass alles zu Deinem höchsten Wohl ist. Dein Leben besteht aus Deinen Aufgaben und Deinen Geschenken für die anderen."

„Vielleicht ist es deswegen so schwierig zu verstehen, was Vertrauen ist", sagte ich.

„Vertrauen ist ein Mosaik aus vielen verschiedenen Facetten und Farben. Wird dieses Mosaik richtig zusammengesetzt, entsteht Vertrauen."

„Das ist wirklich ein schönes Bild."

Wir hatten uns in den Sand gesetzt und waren so in unser Gespräch vertieft, dass wir nicht wahrgenommen hatten, wie schnell die Zeit verging. Auch wenn keiner von uns wusste, wie spät es war, hatten wir beide das Gefühl, dass es auf Mitternacht zuging. Es waren die Nächte um Neumond, denn nirgends am Himmel war eine Mondsichel zu sehen und umso kräftiger leuchteten die Sterne. Ich fragte Samantha, ob sie nicht irgendwann gehen müsse. Solange unsere Arbeit nicht getan sei, werde sie bleiben, war ihre beruhigende Antwort.

„Wenn die Morgenröte beginnt, den Himmel zu färben, wirst Du alle Steine Deines Mosaiks kennen. Dann liegt es an Dir, sie in Deinem Leben richtig zusammenzusetzen. Jetzt lass uns wieder ein Stück laufen."

Sie sprang auf und begann, munter den Strand entlang zu laufen. Ich hatte Mühe, ihr zu folgen. Zwischendrin sprinteten wir wie junge Pferde, dann wechselten wir in leichten Trab.

Die innere Kraft finden

„Das Laufen hat uns wach und den Geist klar gemacht", sagte sie immer noch etwas außer Atem. „Jetzt geht es darum, die innere Kraft zu finden und um die Frage, was Gott damit zu tun hat."

Was Samantha mir erzählte, stellte mein bisheriges Weltbild völlig auf den Kopf und konfrontierte mich wirklich mit einer sehr persönlichen Herausforderung.

„Die Spiritualität hat Gott verbannt", sagte sie, „ich würde sogar behaupten, viele spirituelle Menschen haben ein Problem mit Gott."

„Was meinst Du damit?"

„Erinnere Dich an Deine erste Reaktion, als wir uns getroffen haben", sagte sie. „Ich erzählte dir, Gott habe mich zu Dir geschickt und Du wolltest nichts damit zu tun haben."

Leider musste ich ihr zustimmen.

„Das ist kein Vorwurf. Ich frage mich, welche Probleme spirituelle Menschen mit Gott haben?"

Ich dachte nach.

„Kirche, Inquisition, alte Leben... ich weiß es ehrlich gesagt auch nicht", erwiderte ich etwas ratlos.

„Eigentlich ist es auch unwichtig warum", fuhr sie fort. „Aber das lässt sich wieder verändern, wenn die Menschen das wollen. Wichtig ist, sich darüber bewusst zu werden. Stell Dir folgendes vor: Du beschäftigst Dich seit vielen Jahren mit Spiritualität und Du erzählst Menschen von unserem Gespräch, unserem Thema ‚Gott antwortet immer' und eigentlich geht es dabei um Vertrauen. Wie würden die Menschen, denen Du das erzählst, reagieren?"

„Die meisten vermutlich argwöhnisch, dass ich einer Kirche oder Sekte aufgesessen bin... Aber es gibt doch auch in der Spiritualität Bücher über Gott", fügte ich schnell noch hinzu.

„Das ist ohne Zweifel richtig. Jedoch behaupte ich, es ist immer noch leichter, mit jemandem über Engel als über Gott zu sprechen. Es ist sehr wichtig, dies zu verändern."

Wir saßen am Strand, Samantha erzählte, und ich hörte mit wachsendem Interesse und Staunen zu. Wer oder was ist eigentlich Gott?

Im Laufe unserer vielen Inkarnationen wurde uns beigebracht, dass Gott etwas außerhalb von uns ist. Eine Autorität, die ich nicht ohne weiteres anrufen darf, sondern in vorgeschriebenem Rahmen anbeten muss. Für die Kontakte mit Gott gibt es eine Institution, die vorschreibt, wie das zu geschehen hat. Das Schlimmste aber ist, dass wir seit langer Zeit in unserem Glaubenssystem und Unterbewusstsein akzeptiert haben, dass es einen gütigen und einen strafenden Gott gibt. Mangelndes Wohlverhalten wird sanktioniert, oder ich muss mich davon freikaufen. Seit wir gelernt und akzeptiert haben, dass Gott straft, oder liebt und wir zu seinem Wohlgefallen leben müssen, folgen wir Regeln, die andere Menschen und Institutionen gemacht haben. Seitdem ist die Illusion, dass wir von Gott getrennt sind, vollkommen.

Gott antwortet immer. Gott liebt alle und alles. Deswegen ist er auch stets liebevoll. Das ist keine Gotteslästerung, und es geht auch gar nicht darum, ob das wahr oder falsch ist, denn letztendlich muss dies jeder für sich selbst entscheiden. Unsere Trennung von Gott ist *die* große Illusion, die uns das Leben so schwer macht.

„Kannst Du mir das beweisen", fragte ich nach einer Weile skeptisch.

„Warum sollte ich. Im Gegensatz zu einer Religion oder Institution habe ich kein Interesse, etwas zu organisieren, eine Gruppe zu gründen oder Geld zu sammeln. Ich stelle Dir Gedanken zur Verfügung und schlage Dir vor, etwas zu verändern. Du wirst selbst sehen, was in Deinem Leben geschieht und dann kannst Du entscheiden."

„Das ist eine klare Ansage..."

Ich schwieg. Aber schließlich wollte ich doch noch mehr wissen.

„Darf ich Dich noch etwas fragen...?"
„Aber selbstverständlich, deswegen bin ich ja gekommen."
„Wer oder was ist denn Gott?"
„Willst Du das wirklich wissen?"

Ich nickte.

„Du, ich, wir alle."

Meine Verwirrung war vollständig.

„Wir alle sind ein Teil Gottes. Wir sind hier, um auf Planet Erde wieder Liebe und Mitgefühl zu verankern. Dazu bedarf es der Dualität, denn nur durch diese Herausforderungen können wir wachsen und uns verändern. Weil wir ein Teil Gottes sind, können wir alles erschaffen, was wir möchten und scheinbar Unmögliches möglich machen. Liebe, Vergebung, Mitgefühl gibt es nur, weil es Gott gibt. Aber wir können es empfinden und erleben, weil auch wir ein Teil Gottes sind. In dem Moment, wenn wir unsere eigentliche Göttlichkeit wieder akzeptieren und annehmen, verändert sich die Welt."

„Ich soll Gott sein?"

Ich war aufgesprungen.

„Nie im Leben! Im Gegenteil! Wenn ich so denke, dann beginnen doch erst die Probleme, der Größenwahn, die Überheblichkeit."

Samantha sah mich mit ihren grünen Augen an, und ich hatte das Gefühl, dass sie tief in mich und meine Ängste hineinblicken konnte.

„Was Du sagt, ist richtig. Ich habe nur eine Frage an Dich: Was von allem, das Du aufzählst, hat mit Liebe zu tun?"

„Nichts natürlich. Deswegen gibt es ja auch die Probleme".

Zu meinem eigenen Entsetzen hörte ich mich schreien, aber Samantha blieb ruhig.

„Noch einmal: Du hast Recht mit dem, was Du sagst. Das hat aber nichts mit Gott zu tun, sondern zeigt genau unsere Spannung, in die uns die Dualität bringt. Unsere Gottpräsenz wieder zu entdecken bedeutet, aus dem Gefühl der Liebe zu leben und auch zu handeln. So nehmen wir unsere göttliche Kraft wieder in Besitz."

„Prima", ich hatte mich in Rage geredet, „und dann soll ich mir alles gefallen lassen, weil wir ja alle nur Liebe sind. Ich gehe jetzt hinaus auf die Straße, lasse mich überfallen und sage: ‚Super Jungs, schlagt zu, ich bin Gott und alles ist fein.' Das kann doch nicht Dein Ernst sein!"

Ich war selbst über mich erschrocken, wie wütend mich diese Gedanken machten. Samantha brachte mein Weltbild ins Wanken und gleichzeitig kamen die aufgestaute Wut über mein Leben, meine Unzufriedenheit und die vielen Enttäuschungen ans Licht. Aber Samantha schien das nicht zu stören. Im Gegenteil, für sie war das wohl eher normal, denn gelegentlich sah ich sie lächeln, was mich noch mehr in Rage brachte. Schließlich war ich aber doch bereit, ihr weiter zuzuhören.

Die Akzeptanz unserer Gottpräsenz bedeutet nicht, dass wir uns alles gefallen lassen müssen, uns nicht wehren oder verteidigen dürfen. Im Gegenteil. Der Unterschied liegt darin, mit welchen Gedanken und Emotionen wir unser Handeln verbinden. Verkürzt gesagt, geschieht in unserem Abstimmungsgespräch folgendes. Wir sind alle Gott. Als Teil dessen entscheiden wir uns, hierher auf die Erde zu kommen. Wenn es die Dualität nicht gäbe und wir nicht alles vergessen würden, gäbe es keinen Sinn, auf die Erde zu kommen, weil ja sonst alles wie im göttlichen Zustand wäre. Deswegen gibt es Dualität und Ego. Hier auf der Erde ist das Ziel, unsere Gottpräsenz wieder zu entdecken, die Trennung aufzuheben und im Einklang mit unserer Lebensaufgabe und unseren Geschenken für die anderen immer mehr unsere göttlichen Eigenschaften zu leben.

Während Samantha mir das alles erzählte, hatte ich mich wieder etwas beruhigt, und ich sah ein, dass es schon irgendwie Sinn machte, was sie mir, umgeben von Wellen und Sternen, erzählte.

„Der Krümel ist immer noch Teil des Kuchens, auch wenn es den Kuchen in der ursprünglichen Form nicht mehr zu geben scheint", sagte sie.

Das war zu viel für mich und ich musste lauthals lachen. Wir lachten beide. Ich lachte, bis mir die Tränen kamen, ich alle meine Emotionen von Wut und Ärger abgeschüttelt und sie im wahrsten Sinne des Wortes aus mir heraus gelacht hatte. Ich wusste gar nicht, wie heilsam Lachen sein kann.

„Samantha", sagte ich nach einer Weile, als wir uns wieder beruhigt hatten, „ich habe keine Ahnung, wo mich diese Nacht hinführt, aber ich werde versuchen, die Trennung zwischen Gott und mir aufzuheben."
„Das freut mich", sagte sie. „Unser Thema ist Vertrauen und ich möchte Dir nochmals die beiden Herausforderungen sagen, um wirklich ins Vertrauen zu gelangen, damit sich Dein Leben verändert."
„Ich bin gespannt."

„Erstens", sagte sie, „die Illusion zu überwinden, dass wir von Gott getrennt sind und wir wieder beginnen, an unsere göttliche Kraft glauben und sie in Besitz nehmen."
„Das habe ich verstanden."

„Zweitens, immer wieder den Zweifel überwinden, dass es doch nicht so sein könnte, dass wir Gott sind."

Ich atmete tief durch. Das Zweite ist wohl das schwierigere, dachte ich.

„Jetzt bleibt mir noch eine Frage," sagte ich. „Ich möchte Vertrauen lernen. Deswegen haben wir uns getroffen, und inzwischen finde ich das wirklich wundervoll. Doch wie kann ich das Vertrauen lernen?"

„Frage Dich in jeder Situation: Was würde Gott tun?"

Die Muschel

Samanthas letzter Satz hallte lange in mir nach. Es klang so einfach, aber es bedeutete die Herausforderung, sich jeden Tag darauf zu konzentrieren, was Gott tun würde. Doch sie hatte Recht, davon war ich überzeugt. Je mehr ich mich wie Gott verhalte, umso eher aktiviere ich meine göttliche Kraft, und ich kann vertrauen. Dennoch sah ich Samantha etwas ratlos an.

"Ich verstehe Dich", sagte sie, "jetzt bist Du mitten im Vertrauen angekommen und stellst Dein persönliches Mosaik zusammen."

"Was kann ich tun, damit ich dies lernen kann?"

Samantha stand auf und ging ein paar Schritte ins Wasser, bückte sich, hob etwas auf und reinigte es im Wasser. Als sie zurückkam stand sie vor mir und öffnete ihre Hand; darin lag die Hälfte einer Muschel. Sie war perfekt und wundervoll geformt. Außen hart und gerippt, im Inneren sanft und geschmeidig mit Farbtönen von Violett bis reinstem Weiß.

„Wie hast Du denn jetzt in der Dunkelheit diese Muschel im Wasser gesehen?", fragte ich.

„Ich habe nichts gesehen", sagte sie, „nur wusste ich, dass ich etwas für Dich dort aufheben soll."

„Woher wusstest Du das?"

„Das kann ich Dir nicht sagen. Ich bin meinem Gefühl gefolgt und habe vertraut."

„Warum eine Muschel?"

„Die Muschel ist ein Symbol für Vertrauen. Sie zeigt uns auf der einen Seite, dass wir uns bei aller Offenheit und Sensibilität auch nach außen abgrenzen müssen, gleichzeitig aber auch unsere innere, verletzliche Seite entwickeln sollen. Vertrauen bedeutet die Kunst, sich im richtigen Moment zu öffnen und im richtigen Moment zu schützen. Alles andere wäre blindes Vertrauen."

Wieder saßen wir eine Zeit lang schweigend nebeneinander.

„Jetzt möchte ich Dir noch etwas Wichtiges erzählen".

Ihre Stimme schien sich verändert zu haben. Sie war leise, sanft, fast zärtlich. Ich nickte zustimmend und war mir nicht sicher, ob sie dies in der Dunkelheit wahrnehmen konnte, aber sie schien besondere intuitive Fähigkeiten zu haben.

Wir schwiegen.

„Vertrauen bedeutet Hingabe", sagte sie schließlich.

Ich wartete, ob sie fortfahren würde, aber es war, als wollte sie die Worte erst wirken lassen. Natürlich fragte ich mich, was dies bedeuten sollte und verließ mich auf ihre Gabe, in irgendeiner Weise mit meinen Gedanken in Kontakt zu kommen.

„Viele Menschen verbringen ihr Leben und ihre spirituelle Entwicklung mit der Suche nach der Lebensaufgabe. Sie suchen nach einem Auftrag, einer Berufung, einem Sinn des Lebens. Aber es funktioniert genau anders herum. Solange wir nach der Lebensaufgabe suchen, sind wir getrennt von unseren göttlichen Fähigkeiten. Wir folgen der Illusion, dass wir hier mehr oder weniger alleine sind, uns durchkämpfen müssen und Gott erst wieder nach unserem Leben auf der anderen Seite im Jenseits treffen werden. Aber wir sind Gott."

Ich schauderte. An diesen Satz konnte ich mich noch nicht gewöhnen. Über Jahrhunderte wurde uns das Gegenteil erklärt. Alles andere sei Verblendung, Frevel, Gotteslästerung. Ich hatte Angst vor diesem Satz. Er war mir zu groß und zu verantwortungsvoll in allen Konsequenzen.

„Ich weiß, dass mein letzter Satz schwierig für Dich ist. Wir sind und bleiben Teil des göttlichen Bewusstseins. Diese Verbindung wieder herzustellen ist unsere eigentliche und einzige Aufgabe hier auf der Erde."

Nachdenklich betrachtete ich die Muschel in meiner Hand.

„Was hat das jetzt alles mit Hingabe zu tun?"

Ich musste gestehen, dass ich das Wort ‚Hingabe' etwas ironisch ausgesprochen hatte.

„Hingabe bedeutet, sich wirklich dem Leben anzuvertrauen. Wir hören auf, immer wieder darüber nachzudenken, was wir lieber in unserem Leben machen würden und welche Hindernisse es gibt. Hingabe heißt, sich voll und ganz dem eigenen Leben zu übergeben, einzutauchen und es intensiv und ehrlich zu leben – weil wir wissen, dass wir es selbst geplant haben."

„Aber das bedeutet doch völlige Selbstaufgabe. Ich dachte, mein Leben muss ich mit meinen Visionen erschaffen?"

Ich war verwirrt und hatte den Eindruck, sie widersprach sich in allem, was sie mir bisher erklärt hatte.

„Du hast Recht. Selbstaufgabe darf es auf keinen Fall sein. Hingabe bedeutet genau das Gegenteil: Die Übernahme der Selbstverantwortung."

„Aber Verantwortung für was denn..?"

„Die Verantwortung, Deine göttliche Kraft wieder in Besitz zu nehmen und dadurch Deine Aufgaben in diesem Leben zu erfüllen. Gott stellt Dir alles, wirklich alles zur Verfügung, was Du benötigst, um Deine Lernerfahrungen und Aufgaben auf der Erde zu bewältigen."

„Im Guten und im Schlechten", entgegnete ich immer noch angespannt.

„Nur im Guten. Gott liebt Dich so sehr, dass er es erträgt, Dir das zu ermöglichen, was Du geplant hast. Verabschiede Dich endlich von dem Gedanken, dass es einen strafenden oder urteilenden Gott gibt."

„Das ist uns aber immer gesagt worden."

„Das stimmt. Hast Du es jemals hinterfragt? Konnte es Dir jemand beweisen?"

„Aber darüber gibt es kilometerlange Regale voller Bücher", entgegnete ich.

„Auch das stimmt. Aber meist schreiben diese Bücher über die Trennung von unserem göttlichen Bewusstsein und versuchen, Dir dann die Welt neu zu erklären."

„Du bist ganz schön mutig", sagte ich nach einer Weile.

„Warum?"

„Du zweifelst Religion, jahrhundertealte theologische Geschichte, Koryphäen, Experten, Lehrmeinungen, Traditionen an. Das kann doch nicht alles falsch gewesen sein."

„Früher dachte man, dass die Erde eine Scheibe ist", entgegnete sie lakonisch.

Da hatte sie allerdings auch wieder Recht.

„Ich zweifle gar nichts an", fuhr sie fort. „Im Unterschied zu den anderen Institutionen, die Du aufgezählt hast, geht es mir nicht darum, Recht zu haben oder eine Lehre zu begründen. Ich biete Dir eine Sichtweise an. Versuche es und prüfe, ob sich Dein Leben positiv verändert."

Immer noch hielt ich die Muschel in meiner Hand. Sie war wundervoll ästhetisch und geometrisch geformt. Das Äußere hart und abweisend, dennoch hatten die Rillen etwas Sanftes. Im Inneren gingen verschiedene Farbtöne ineinander über und erzeugten eine verletzliche Klarheit. Ich war erstaunt, wie dieser einfache Gegenstand ein so tiefes Gefühl von Schönheit in mir hervorrufen konnte.

„Woher weiß die Muschel, dass sie eines Tages so aussehen soll? Wie weiß das neugeborene Kind, dass es genau jetzt in diesem Moment beginnen muss zu atmen, nachdem es sich zuvor neun Monate im Wasser aufgehalten hat? Alles das bedeutet, jedes Lebewesen und jeder Gegenstand trägt sein göttliches Wissen in sich, und es entfaltet sich von selbst. Das meine ich mit Hingabe: in Einklang mit dem göttlichen Bewusstsein zu sein. Daraus entsteht alles zum richtigen Zeitpunkt."

„Ich verstehe immer noch nicht den Zusammenhang mit der Lebensaufgabe. Wenn ich ehrlich bin, habe ich es längst aufgegeben, meine zu suchen, geschweige denn an die Hoffnung zu glauben, sie jemals zu finden. Wenn das stimmt, was Du sagst, lege ich mich jetzt in die Hängematte und warte, bis etwas passiert."

„Manchmal ist dies sogar das einzig Richtige", sagte sie lachend, „aber jetzt geht es um etwas anderes. Du akzeptierst Dein Leben so, wie es gerade ist, weil tief in Dir das Vertrauen und die Gewissheit verankert sind, dass Du hier auf der Erde einen wichtigen Beitrag leistest. Niemand kommt ohne Aufgabe für sich und die anderen auf die Erde! Dadurch schließt Du Frieden mit Deinem Leben und verbindest Dich mit Deiner göttlichen Kraft. Jetzt bist Du in Deiner Lebensaufgabe."

„Du meinst, es ist meine Lebensaufgabe, dass ich jeden Tag in diesem Geschäft stehe, Kaffee und etwas zum Essen verkaufe. Das ist doch nicht Dein Ernst..."

„Nein", sie hielt meinen Arm fest. „Bitte nicht."

Vor Wut wollte ich die Muschel ins Meer werfen, weil ich spürte, dass all die Unzufriedenheit und Enttäuschungen in meinem Leben wieder hoch kamen.

„Kaffee verkaufen ist nicht Deine Lebens*aufgabe*, es ist Deine Lebens*situation*, die

Dich zur Weiterentwicklung führt und vielleicht auch zwingt. Wir haben uns getroffen, weil Du wissen wolltest, was Vertrauen bedeutet."

„Wer hat Dich geschickt?"

„Gott antwortet immer."

Ich holte tief Luft, denn die Antwort hätte ich mir auch selbst geben können.

„Einverstanden. Ich verstehe noch nicht ganz, wie die Hingabe an mein Leben funktioniert. Aber ich bin bereit, es zu versuchen. Die Muschel behalte ich als Erinnerung. Wie ich mich kenne, beginnt mit dem Sonnenaufgang die Routine des Alltags."

„Jeder Sonnenaufgang ist eine neue Geburt und eine neue Chance", sagte Samantha.

Möwen und Pelikane

Wieder stellte sich eine Zeit der Stille ein. Was mich wirklich erstaunte war, dass wir beide immer noch keine Müdigkeit verspürten. Die Nacht war inzwischen fortgeschritten, jedoch konnte ich noch keine Anzeichen des bevorstehenden Morgens erkennen. Samantha saß neben wir, barfuß und im Sommerkleid.

Irgendetwas sorgte dafür, dass es uns gut ging. Ich spürte keinen Hunger oder Durst und war von einem Gefühl der Geborgenheit umgeben. Die Sterne funkelten noch immer am nächtlichen Himmel, meine Augen hatten sich vollständig an die Dunkelheit gewöhnt und ich konnte alles um mich herum sehr gut wahrnehmen.

Plötzlich zeigte Samantha hinaus auf das Meer. Zwei Vögel zogen langsam und friedlich ihre Bahnen. Es schien ein Pärchen zu sein, denn sie flogen immer gemeinsam, tauschten Positionen und genossen sichtlich den nächtlichen Flug über das dunkle, sanft wogende Meer.

„Pelikane."
„Was bedeutet das", fragte ich.
„Vergebung."
„Wem soll ich vergeben?"

„Da gibt es bestimmt die eine oder andere Person."

Ich glaubte, Samantha lächeln zu sehen.

„Aber in erster Linie bedeutet es, Dir selbst zu vergeben."

„Wofür soll ich mir denn vergeben?", fragte ich etwas hilflos.

„Wie oft hast Du über Dich und Dein Leben geurteilt, Dich selbst verurteilt? Dies ist ein sicheres Zeichen für den Zustand der Trennung von Gott. Aus diesem Grund tauchen jetzt die Pelikane auf."

„Dann habe ich aber eine harte Zeit vor mir", sagte ich betrübt.

„Nein, das ist nur Deine Illusion. In dem Moment, wenn Du Dich wieder mit Deiner göttlichen Kraft verbindest, Du akzeptierst, dass Du Gott bist, so wie wir alle, wird sich Dein Bild über Dich selbst verändern."

„Aber verzeihen muss ich mir trotzdem?"

„Ja, aber es wird einfacher werden, denn Du machst dies nicht mehr mit der zweifelnden Kraft des Ego, sondern mit Deinem göttlichen Bewusstsein. Du beginnst, Dein Leben von einer höheren Warte zu sehen und dadurch erkennst Du die Zusammenhänge."

„Ich glaube, ich muss auch anderen verzeihen...", sagte ich vorsichtig.

„Ja", sie lachte, „das müssen wir alle. Wir sind immer noch Menschen innerhalb der Dualität."

„Du weißt doch alles...", begann ich vorsichtig.

„Alles nicht, aber vielleicht das, was Du brauchst, deswegen bin ich ja schließlich gekommen."

„Wie kann ich lernen, anderen zu verzeihen. Ich stelle mir das schwieriger vor, als bei mir selbst."

„Eigentlich ist es in beiden Fällen das Gleiche", sagte sie. „Du kannst Situationen nicht rückgängig machen. Geschehen ist geschehen. Was Du verändern kannst ist, ob Du unter der Situation leidest und welche emotionalen Konsequenzen das für Dich hat. In beiden Fällen geht es darum, Dir selbst zu verzeihen."

„Das verstehe ich nicht. Wenn mich jemand schlecht behandelt, muss ich doch nicht mir selbst verzeihen?"

Schon wieder brachte mich Samantha innerhalb kürzester Zeit an meine Grenzen.

„Muss ich dann alles erdulden, aushalten, mich schlagen oder quälen lassen?"

„Langsam, langsam", versuchte sie, mich zu beruhigen. „Natürlich sollst Du Grenzen setzen, Dich verteidigen oder Dich wehren, wenn Du angegriffen wirst. Du muss Dich nicht schlecht behandeln lassen. Aber jetzt kommt der entscheidende Punkt. Wieder sind es unsere Emotionen. Du erinnerst Dich? Mit welchen Gefühlen verknüpfst Du Deine Reaktion? Hier liegt der Schlüssel für Verzeihen. Du kannst und vielleicht musst Du sogar einen Gerichtsprozess gegen jemanden anstreben - aber welche Gefühle und Intentionen setzt Du da hinein."

Das war für mich in der Tat eine neue Sichtweise.

„Ich setze die gleiche Emotion hinein, die ich von dem anderen bekomme und ganz ehrlich... versuche ich, diese manchmal noch zu übertrumpfen."

„Das ist normal und menschlich. Ich glaube, es ist gar nicht notwendig und möglich, dem anderen zu verzeihen, sondern es geht immer nur darum, sich selbst zu verzeihen. Wie soll ich denn anderen verzeihen, wenn ich mir selbst nicht verziehen habe?"

„Ich glaube, Du hast Recht, aber das ist wirklich sehr, sehr schwer..."

„Solange Du Dich im Energiefeld Deines Egos befindest, stimmt das. In dem Moment, wo Du aus Deinem göttlichen Bewusstsein handelst, verändert sich alles. Bitte bedenke, Du hast Deine Lernerfahrungen hier selbst geplant. Vielleicht ist die Situation in Dein Leben gekommen, damit Du eine Deiner Lernaufgaben erfüllen kannst."

„Ist das immer der Fall? Dann wäre ja alles…", ich wollte den Satz nicht fortsetzen.

„Nein, nicht alles. Aber mehr als Du glaubst. Wir haben ja immer noch den freien Willen, aus dem heraus wir Entscheidungen treffen können. Es kann sehr wohl Situationen geben, die haben wir nicht geplant, aber durch unsere Gedanken und Emotionen erschaffen und wie mit einem Magnet in unser Leben gezogen."

„Keine so angenehme Vorstellung", sagte ich.

„Du bist freiwillig hier."

Plötzlich hörte ich ein Geräusch im Sand. Neben mir sah ich Möwen sitzen, einige waren sogar sehr nahe herangekommen. Dann blickte ich zur anderen Seite und sah ebenfalls unzählige Möwen auf dem nächtlichen Strand. Einige hatten sich gemütlich hingelegt, manche standen auf einem Bein, einige bildeten Reihen hintereinander. Es war ein sehr erheiterndes Bild.

„Bitte bewege Dich langsam."

Wir erhoben uns und als ich mich in Richtung Strand umdrehte sah ich unzählige Möwen, die sich in einem großen Halbkreis um uns gesetzt hatten.

„Was hat das zu bedeuten?"

„Ein gutes Zeichen", sagte sie. „Die Möwen helfen Dir bei der emotionalen Heilung. Sie umgeben Dich, nehmen auf, was Du loslassen kannst, und transformieren es auf ihrem Flug. Die Energie reinigt sich im Meer."

„Und wie machen die Möwen das?"

„Das ist ihr Geheimnis. Verbinde Dich auf jeden Fall mit der Energie der Möwen, das fördert Deine emotionale Heilung."

„Ich werde so oft wie möglich hierher kommen", versprach ich.

„Das ist natürlich immer am besten. Es geht aber auch, wenn Du Dich Kraft Deiner Intention mit den Tieren verbindest. Du schließt Deine Augen, umgibst Dich mit ihnen, lässt los, was für Dich möglich ist und bittest die Möwen, dies in ihrem Flug über dem Meer zu transformieren."

„Das funktioniert?“

„Vertraue.“

Ich musste herzhaft lachen.

„Langsam beginne ich, es zu verstehen. Die Lösung heißt entweder ‚Vertrauen‘ oder ‚Gott antwortet immer‘.“

Samantha streckte beide Daumen in die Höhe.

„Verzeihen, emotionale Heilung und Vertrauen sind die Schritte, um uns wieder mit dem göttlichen Bewusstsein zu verbinden. Eigentlich ist das ein Kreislauf, ein dauerhafter Prozess, der sich immer wieder erneuert.“

„Wird es vielleicht irgendwann leichter?“, fragte ich hoffnungsvoll.

„Ich würde sagen, es wird ein selbstverständlicher Teil Deines Lebens.“

Samantha blickte zum Horizont.

„Unsere Zeit nähert sich dem Ende. Siehst Du die ersten Schimmer der rosenfingrigen Morgenröte?“

„Musst Du dann gehen?“

Sie nickte.

„Kannst Du wiederkommen?“

„Nein. Ich bin nur einmal hier.“

„Woher kommst Du? Wer hat Dich geschickt?"
„Jetzt ist die Zeit gekommen, Dir das zu erzählen. Lass uns noch einen letzten Spazier-
gang machen."

Langsam bahnten wir uns einen Weg zwischen den Möwen hindurch. Sie schienen uns
nicht wahrzunehmen, blieben gelassen liegen
und rührten sich nicht.

Als wir außerhalb standen, blickte ich nochmals auf den Kreis, den die Möwen bildeten.
Ich spürte tiefe Dankbarkeit. Dann gingen wir
ein paar Schritte zum Meer, das Wasser emp-
fing uns freudig mit spielenden Wellen. Auf
dem Meer zeigte sich das erste Licht des Morgens.

„Dein neues Leben beginnt."

Gott antwortet immer

Wir gingen am Strand entlang und liefen durch das kalte Wasser, wie wir es in dieser Nacht bereits mehrmals getan hatten. Plötzlich legte Samantha den Arm um meine Schultern und zog mich leicht an sich. Ich spürte ihren Körper, fühlte die Wärme und Geborgenheit, die von ihr ausgingen.

„Meine Aufgabe ist bald beendet. Sobald die Sonne über den Horizont und die Dächer der Häuser kommt, die ersten warmen Strahlen des beginnenden Morgens Dich erreichen, werde ich verschwunden sein."

„Warum willst Du mich verlassen?"

„Ich werde Dich nicht verlassen. Das habe ich noch nie getan. Ich war immer bei Dir."

„Aber ich habe Dich hier noch nie vorher gesehen..? Wie kannst Du dann schon früher bei mir gewesen sein?"

„Gott antwortet immer."

„Das habe ich in dieser Nacht gelernt."

„Erinnere Dich an den Moment, als wir uns getroffen haben. Du hast Dich bei Gott beschwert, dass Dein Leben schwierig sei. Du warst verzweifelt und wolltest lernen zu vertrauen. Deswegen bin ich gekommen."

„Aber wer hat Dich zu mir geschickt?"

„Du selbst."

Ich blieb stehen und blickte sie ratlos an.

„Ich bin gekommen, um Dir die Antworten auf Deine Fragen zu geben. Deswegen hast Du mich gerufen."
Ich nickte zustimmend.

„Jetzt hast Du die Antworten. Natürlich nur für diejenigen Fragen, die Du im Moment gestellt hast. Ich habe versucht, Dir zu erklären, was Vertrauen bedeutet. Jetzt liegt es an Dir, Dich immer wieder daran zu erinnern. Denke an die Muschel. Du hast sie immer noch in der Hand. Von jetzt an weißt Du, dass alle, wirklich alle Deine Fragen, Bitten, Gebete, Sorgen, Ängste, Wünsche gehört werden. Es gibt immer eine Antwort. Aber nicht immer auf die Art und Weise, wie Du es erwartest. Die Kunst liegt darin, die Antwort zu erkennen."

Ich nahm ihre Hände und drückte sie.

„Danke."
„Lebe und aktiviere Dein göttliches Bewusstsein. Du bist Gott."

Wieder lief mir ein Schauer den Rücken hinunter. Ich blickte auf die Muschel in meiner Hand. Irgendetwas in mir hatte sich verändert. Ich hatte das Gefühl, jetzt mit einer Kraft verbunden zu sein und hatte Zugang zu einer Energie, die ich vorher nicht kannte.

„Bitte Samantha, sag mir eines... Ist es nicht überheblich, Gott zu sein?"

Sie lachte mich mit ihren strahlenden Augen an, umarmte mich und drückte mir einen Kuss auf die Wange.

„Du spürst immer noch die Angst vor den Institutionen, den Schatten der Vergangenheit und alldem was im Namen Gottes geschehen ist. Es ist an der Zeit, diese Vergangenheit loszulassen. Dafür sind heute die Möwen gekommen, um Dir bei Deiner Heilung zu helfen."

„Es ist also nicht überheblich..?"

„Gott ist Liebe und alles, was aus Liebe geschieht, ist Gott."

„Aber es gibt doch auch in Beziehungen Liebe, die einengt, kontrolliert..."

„Das ist keine Liebe, das sind Ängste. Es ist sehr wichtig, Liebe von Angst zu unterscheiden."

„Wie kann ich das lernen..."

„Denke, wie Gott denkt."

Die Ankunft der Sonne war bereits spürbar, auch wenn sie noch nicht über den Häusern sichtbar war. Überall begann sich Leben zu regen. Die Strandläufer suchten Nahrung im Wasser, Menschen tauchten in der Entfernung auf, und die Lichter der Nacht begannen zu erlöschen. Wir waren noch ein Stück am Wasser entlang gegangen, noch immer Arm in Arm, als sich Samantha von mir löste.

„Es ist Zeit für mich zu gehen. Hast Du noch eine Frage?"

Ich blickte in ihre wunderschönen Augen, die voller Klarheit und Liebe glänzten. Noch nie hatte ich den Mut gehabt, einer Frau so lange in die Augen zu sehen, und es war, als ob ich mich darin selbst erblicken würde.

„Warum hat Gott ausgerechnet Dich zu mir geschickt und ist nicht selbst gekommen?"

Sie lächelte mich an, nahm mich noch einmal fest in den Arm und wieder überkam mich ein Gefühl von Geborgenheit und Frieden.

„Wenn Gott Dich persönlich treffen will, wen hättest Du erwartet? Einen älteren, würdigen Herrn mit wehendem Bart, gütigen Großvateraugen und weitem Gewand?

So wie er in den Kirchen und bei den alten Meistern dargestellt wurde?"

„Irgendwie schon", gab ich zu.

„Wie langweilig..!"

„Samantha, bitte verstehe mich nicht falsch. Du bist wundervoll. Wirklich. Noch nie habe ich eine so schöne Zeit mit einer attraktiven Frau erlebt. Das habe ich mir immer gewünscht. Bitte glaube mir, das ist die Wahrheit."

„Ich weiß. Du hast mich gerufen. Deswegen bin ich gekommen. Gott antwortet immer."

Noch einmal blickte ich ihr in die Augen.

„Wer bist Du?"

„Ich bin Gott."

Der neue Tag

Immer schneller stieg die Sinne am Himmel empor und erfüllte die Häuser mit der Wärme des Morgens. Die letzten Hindernisse waren überwunden und der Strand wurde von dem warmen Licht des Morgens überflutet. Ich blinzelte in die Sonne. Die Wärme war wundervoll, ich reckte meinen Körper und fühlte mich frisch wie nach einer erholsamen Nacht. Als ich mich umblickte, war Samantha nicht mehr zu sehen.

Ich fühlte mich klar, geborgen und voller Kraft. Wie durch eine Fügung befand ich mich dort, wo ich am Abend zuvor mein Fahrrad abgestellt hatte, um hier spazieren zu gehen. Natürlich konnte ich nicht ahnen, dass diese Entscheidung, hierher zu kommen, mein Leben verändern würde.

Ich wusste nicht, wie viel Uhr es sein könnte, und es war mir in diesem Moment auch nicht wichtig. Ich war voller Vertrauen, denn ich wusste, dass ich pünktlich zur Arbeit kommen werde. Samantha hatte recht, im Äußeren änderte sich meine Welt zunächst nicht.

Aber jetzt konnte ich spüren, was sie in unseren Gesprächen mit Hingabe gemeint hatte.

Ich war voller Lust auf mein Leben, obwohl es noch immer mehr als genug Probleme und Herausforderungen gab. Aber ich wollte sie annehmen, verändern und Lösungen finden. Ich fühlte die Kraft in mir, dass ich jetzt endlich alles verändern kann. Schritt für Schritt.

Ich setzte mich in den Sand und ließ die Ereignisse dieser Nacht noch einmal an mir vorüber ziehen. Wo liegen für mich die Herausforderungen bei der Umsetzung? Diesmal durfte die Entwicklung kein Ereignis einer schlaflosen Nacht bleiben.

Allzu oft hatte ich nach einem Seminar oder Vortrag spontan beschlossen, mein Leben zu ändern. Aber ich verfügte nicht über die Disziplin und das Durchhaltevermögen, die neuen Möglichkeiten konsequent in mein Leben zu bringen. Diesmal war es anders. Ich spürte die Saat des Vertrauens in meinem Herzen aufgehen.

Ich nahm mir vor, wann immer Zweifel oder Sorgen in mir hochkommen würden, laut zu mir selbst zu sagen:

„Gott antwortet immer."

Wie ein Mantra. Gewiss, die Ängste werden dadurch nicht von selbst verschwinden, aber endlich bekomme ich wieder die Kontrolle über mein Leben.

An diesem Morgen beschloss ich, wie auch immer meine Lebensumstände sein mögen, es mir nicht mehr zu erlauben, negativ über mein Leben zu denken.

Ich habe die Fähigkeit, alles zu erschaffen, was ich benötige.

Ich aktiviere und verbinde mich mit meiner göttlichen Kraft.

Ich bitte um Hilfe.

Ich erkenne die Antwort.

Ich vertraue.

Ich beschloss, eine Runde im Meer zu schwimmen und in mein neues Leben einzutauchen. Meine Kleider ließ ich am Strand liegen und rannte voller Freude ins Wasser. Als es tief genug war, tauchte ich ein und schwamm ein paar lange Züge unter Wasser. Ich genoss das Gefühl, rundherum geborgen zu sein. Dann tauchte ich auf und legte mich auf dem Rücken ins Wasser.

Am Himmel sah ich die Möwen frech und munter kreischend im Überschwang des

Morgens Kapriolen schlagen. Es war, als ob sie meine Freude mit mir teilen wollten. Dann entdeckte ich wieder die Pelikane am Horizont, die mit dem gleichmäßigen und ruhigen Schwingen der Flügel ihre Bahnen am Himmel zogen, vollendet in Schönheit, Ruhe und Frieden.

Ich verließ das Wasser, kleidete mich an und betrat voller Vertrauen mein neues Leben.

Dank

Voller Dankbarkeit widme ich dieses Buch meinem Schwiegervater Gero. Sein Leben war geprägt von Hilfsbereitschaft, einem Leben aus dem Herzen und dem unerschütterlichen Glauben an Gott.

Mit Hingabe, Disziplin und Liebe erfüllte er seinen Lebensplan und stellte sich voller Mut und Tapferkeit den Herausforderungen und Lernerfahrungen, die er in diesem Leben erfahren wollte. Gleichzeitig kam er mit unerschöpflichen „Geschenken" für seine Familie und alle Menschen, denen er begegnete, auf diese Welt.

Von Gero habe ich gelernt, hinter die Dinge zu sehen und in jedem Menschen den göttlichen Funken zu erkennen.

Danke für Deine Liebe und Hilfe in leichten und schweren Zeiten. Danke für zehn gemeinsame Jahre in diesem Leben.

Unsere Lebenspläne bleiben verbunden.

Über den Autor

Hubert Kölsch ist Autor, Seminarleiter und Coach. Nach Studien in Ägyptologie, Geographie und Sozialpädagogik hat er begonnen im Bereich Erwachsenenbildung zu arbeiten. Darüber hinaus hat er eine dreijährige Ausbildung in Systemischer Familientherapie und Beratung absolviert.

Bei Doreen Virtue nahm er an der Ausbildung zum ANGEL THERAPY PRACTITIONER® und Medium teil.

Er arbeitet für Firmen, Mittelstandsunternehmen und soziale Einrichtungen.

Hubert Kölsch hält Vorträge, leitet Seminare und bietet individuelles Coaching an.

Weitere Informationen unter:

www.hubert-koelsch.de

www.divineconsulting.de

Weitere Bücher von Hubert Kölsch

Hubert Kölsch

Spirituell & erfolgreich

Praxisbuch für die Manifestation Ihres Erfolges

€ 14,95, Schirner Verlag

Hubert Kölsch

Das M-Projekt
Ein spirituelles Abenteuer

€ 14,95, Schirner Verlag

Hubert Kölsch, Monika Pietsch

Seil-Settings
Teamtrainings erlebnisorientiert gestalten

€ 32,95, Beltz Verlag

Hubert Kölsch, Franz-Josef Wagner

Erlebnispädagogik in der Natur

Ein Praxisbuch für Einsteiger

€ 18,90, Reinhardt Verlag